따라 쓰며 쉽게 익히는 일본어 글자 쓰기노트

히라가나·가타카나
일본어
글자쓰기

J PLUS

차례

히라가나

우리의 한글에 해당하는 글자가 일본어의 '가나'입니다. '가나'는 히라가나와 가타카나로 되어 있는데, 가장 기본이 되는 히라가나부터 연습해 봅시다.

글자는 あいうえお, かきくけこ…아이우에오, 카키쿠케코…의 순서대로 다섯 개씩 끊어 읽으세요.

히라가나 [청음]

あ행	あ 아	い 이	う 우	え 에	お 오
か행	か 카	き 키	く 쿠	け 케	こ 코
さ행	さ 사	し 시	す 스	せ 세	そ 소
た행	た 타	ち 치	つ 츠	て 테	と 토
な행	な 나	に 니	ぬ 누	ね 네	の 노
は행	は 하	ひ 히	ふ 후	へ 헤	ほ 호
ま행	ま 마	み 미	む 무	め 메	も 모
や행	や 야		ゆ 유		よ 요
ら행	ら 라	り 리	る 루	れ 레	ろ 로
わ행	わ 와				を 오
	ん 응				

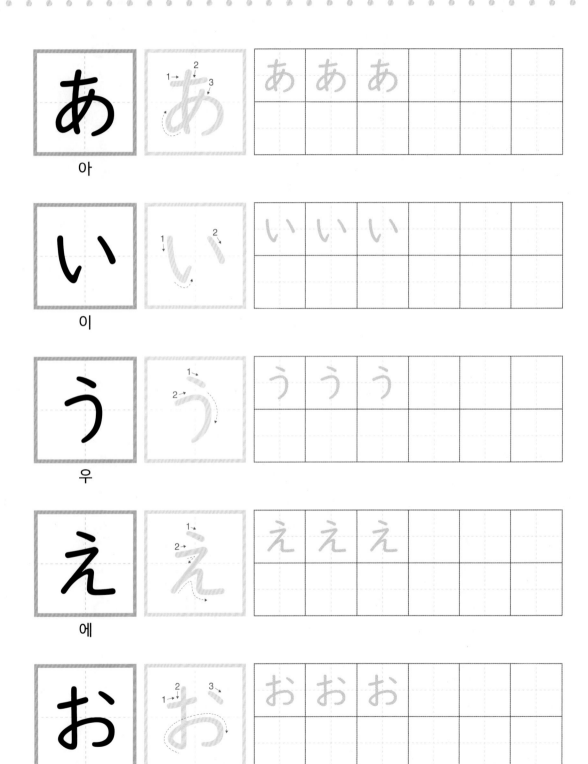

あ
아

い
이

う
우

え
에

お
오

☆ 읽고 써 보세요.

あ い
□ い
사랑 [아이]

あ か
□ か
빨강 [아카]

い え
□ え
집 [이에]

い す
□ す
의자 [이스]

う さぎ
□ さぎ
토끼 [우사기]

う え
□ え
위 [우에]

え
□
그림 [에]

え き
□ き
역 [에키]

あ お
□ あ
파랑 [아오]

お お い
□ □ い
많다 [오오이]

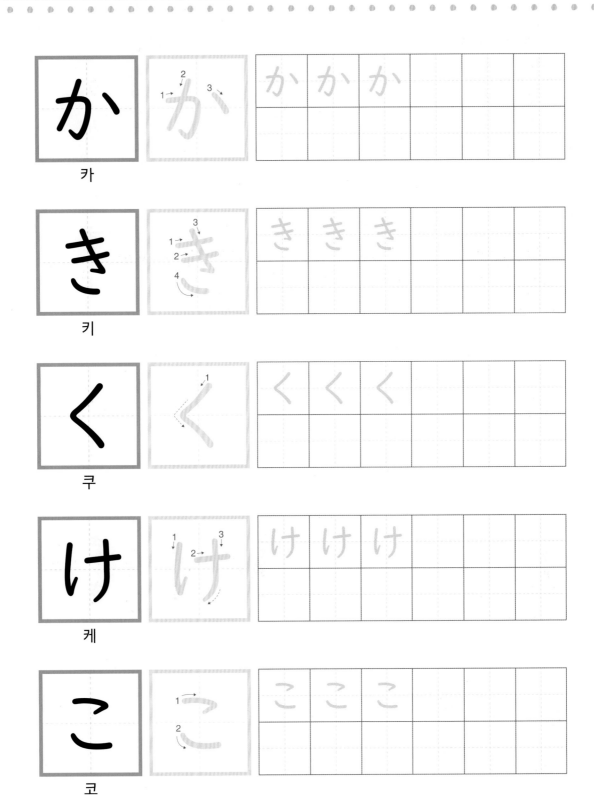

☆ 맞는 것을 고르세요.

얼굴
[카오]

　　○ かお　　　○ かき

가을
[아키]

　　○ あき　　　○ えき

구두
[쿠츠]

　　○ きく　　　○ くつ

휴대폰
[케-타이]

　　○ けしゴム　　○ けいたい

어린이
[코도모]

　　○ こども　　　○ くども

さ^행

さしすせそ

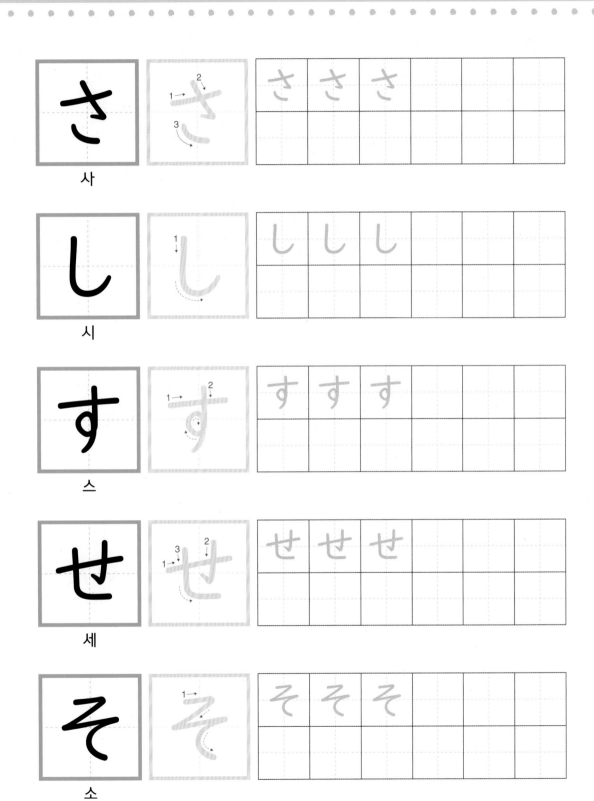

さ
사

し
시

す
스

せ
세

そ
소

10

☆ 맞는 글자를 골라, 빈칸에 써 보세요.

● かさ
● かき

우산
[카사]

● いた
● した

아래
[시타]

● すいか
● むいか

수박
[스이카]

● しいえい
● すいえい

수영
[스이에-]

● けんせい
● せんせい

선생님
[센세-]

● そば
● とば

메밀국수
[소바]

た행

たちつてと

た
타

ち
치

つ
츠

て
테

と
토

☆ 빈칸에 들어갈 글자를 써 넣으세요.

いたい
い⬚い
아프다

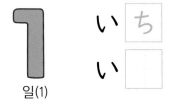
いち
い⬚
일(1)

つくえ
⬚くえ
책상

て⬚
손

とけい
⬚けい
시계

とら
⬚ら
호랑이 [토라]

☆ 왼쪽의 글자와 같은 글자를 모두 찾으세요.

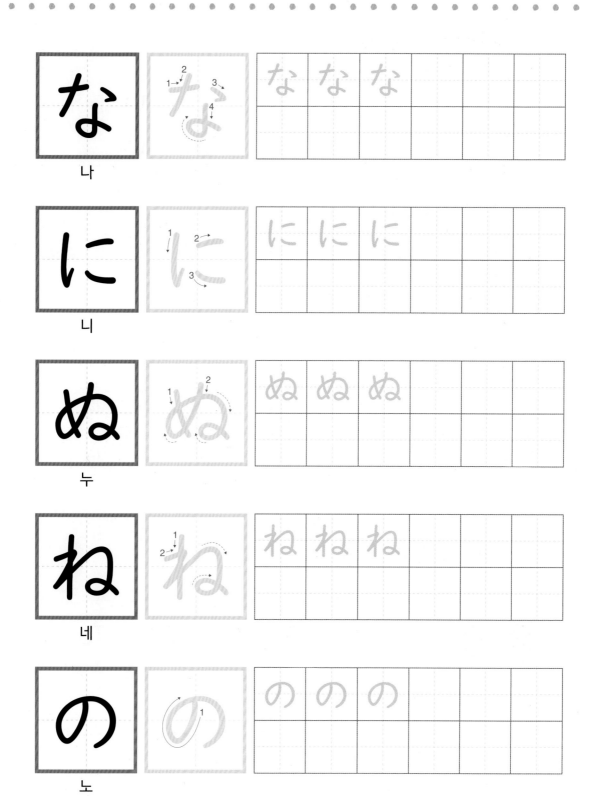

な
나

に
니

ぬ
누

ね
네

の
노

☆ 알맞은 단어를 찾아 빈칸에 써 넣으세요.

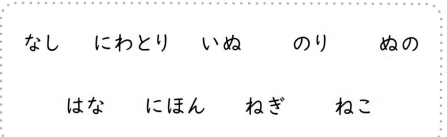

なし　にわとり　いぬ　のり　ぬの

はな　にほん　ねぎ　ねこ

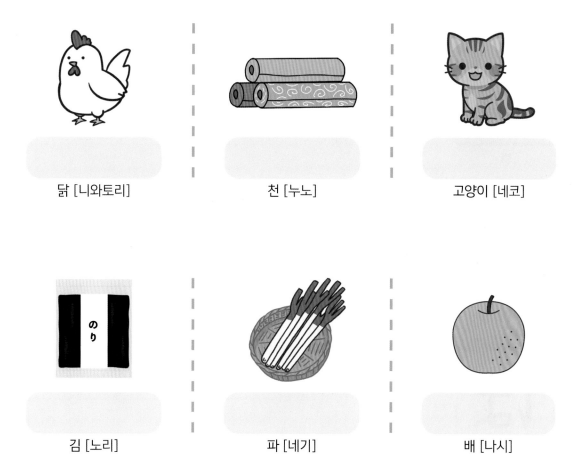

닭 [니와토리]　　　천 [누노]　　　고양이 [네코]

김 [노리]　　　파 [네기]　　　배 [나시]

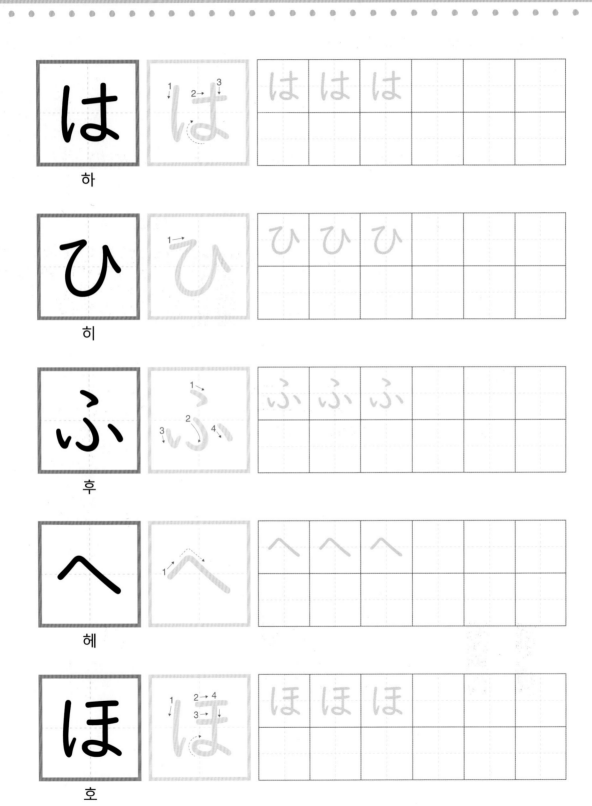

は　하

ひ　히

ふ　후

へ　헤

ほ　호

☆ 그림에 맞는 글자를 고르세요.

○ たな
○ はな

코 [하나]

○ にこ
○ はこ

상자 [하코]

○ ひと
○ りと

사람 [히토]

○ しろい
○ 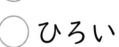 ひろい

넓다 [히로이]

○  へそ
○ しそ

배꼽 [헤소]

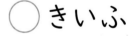
○ きいふ
○ 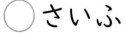 さいふ

지갑 [사이후]

○ ひや
○ へや

방 [헤야]

○ ほし
○ はし

별 [호시]

ま	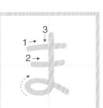	ま	ま	ま			
마							

み		み	み	み			
미							

む		む	む	む			
무							

め		め	め	め			
메							

も		も	も	も			
모							

☆ 단어를 찾아 ⬭ 하고 다음 빈칸에 써 넣으세요.

あ	く	よ	も	も	い	う	さ	し
こ	る	む	し	あ	は	の	た	か
か	ま	の	す	め	い	は	は	き
き	め	へ	と	も	の	さ	し	い
む	の	そ	た	ち	み	み	つ	し

もも

복숭아

くるま
くる

자동차 [쿠루마]

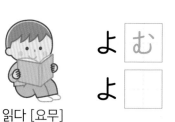
よむ
よ

읽다 [요무]

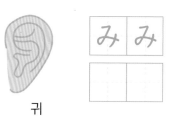
みみ

귀

はさみ
はさ

가위

ものさし
のさし

자

ひらがな　19

や　や　や

야

ゆ　ゆ　ゆ

유

よ　よ　よ

요

☆ 빈칸에 들어갈 글자를 써 넣으세요.

やま　　ゆき　　よる　　よむ　　ゆり　　やじるし

산
[야마]

☐ ま

화살표
[야지루시]

☐ じるし

눈
[유키]

☐ き

백합
[유리]

☐ り

읽다
[요무]

☐ む

밤
[요루]

☐ る

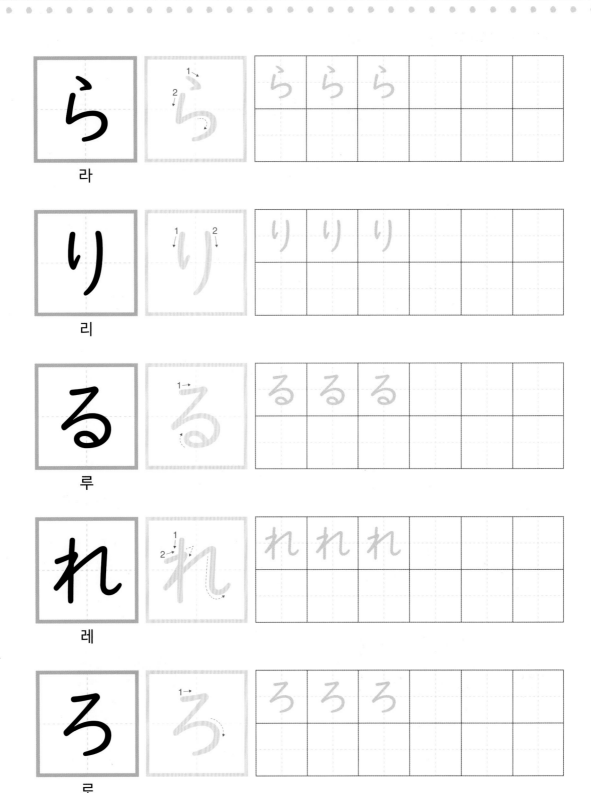

ら　　ららら

라

り　　りりり

리

る　　るるる

루

れ　　れれれ

레

ろ　　ろろろ

로

☆ 맞는 글자를 골라, 빈칸에 써 보세요.

- さくら
- さくう

벚꽃
[사쿠라]

- そら
- そり

하늘
[소라]

- りんご
- いんご

사과
[링고]

- はり
- あり

개미
[아리]

- さる
- さろ

원숭이
[사루]

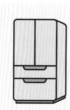
- ねいぞうこ
- れいぞうこ

냉장고
[레-조-코]

- るうか
- ろうか

복도
[로-카]

- ろく
- るく

육(6)
[로쿠]

わ わ わ

와

を を を

오

ん ん ん

응

틀리기 쉬운 글자　⭐ 맞는 단어를 고르세요.

- ◯ ねこ
- ◯ れこ
- ◯ わこ

고양이 [네코]

- ◯ うえ
- ◯ らえ

위 [우에]

- ◯ さる
- ◯ さろ
- ◯ きる
- ◯ きろ

원숭이 [사루]

- ◯ いた
- ◯ した

아래 [시타]

24

☆ 맞는 것끼리 연결하고, 단어를 써 보세요.

악어 [와니]

 わたし

도장 [항코]

 わに

귤 [미칸]

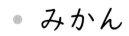 みかん

나 [와타시]

 はんこ

히라가나 종합연습

1 빈칸에 들어갈 글자를 써 넣으세요.

	い	う	え	
か				こ
	し		せ	そ
			て	と
な	に			
	ひ	ふ		ほ
ま		む		
		ゆ		
	り		れ	
				を
ん				

26

2 그림의 단어를 빈칸에 써 넣으세요.

> せんせい　ねこ　　そら　　くつ　のり
> とけい　　にわとり　さいふ　あか　うえ

 위

 빨강

 선생님

 구두

 하늘

 고양이

 시계

 김

 닭

 지갑

ひらがな　**27**

탁음 · 반탁음이란?

글자 어깨에 탁음이나 반탁음의 부호가 붙은 것으로,
청음과는 달리 맑지 않은 소리가 납니다.
が행, ざ행, だ행, ば행이 탁음이고, 반탁음은 ぱ행 뿐
입니다.

히라가나 [탁음 · 반탁음]

탁음

が 가	ぎ 기	ぐ 구	げ 게	ご 고
ざ 자	じ 지	ず 즈	ぜ 제	ぞ 조
だ 다	ぢ 지	づ 즈	で 데	ど 도
ば 바	び 비	ぶ 부	べ 베	ぼ 보

반탁음

ぱ 빠	ぴ 삐	ぷ 뿌	ぺ 뻬	ぽ 뽀

がぎぐげご

が	が	が			

가

ぎ	ぎ	ぎ			

기

ぐ	ぐ	ぐ			

구

げ	げ	げ			

게

ご	ご	ご			

고

30

☆ 다음 단어를 읽고 쓰세요.

열쇠

か	ぎ

거울

か	が	み

신호

し	ん	ご	う

딸기

い	ち	ご

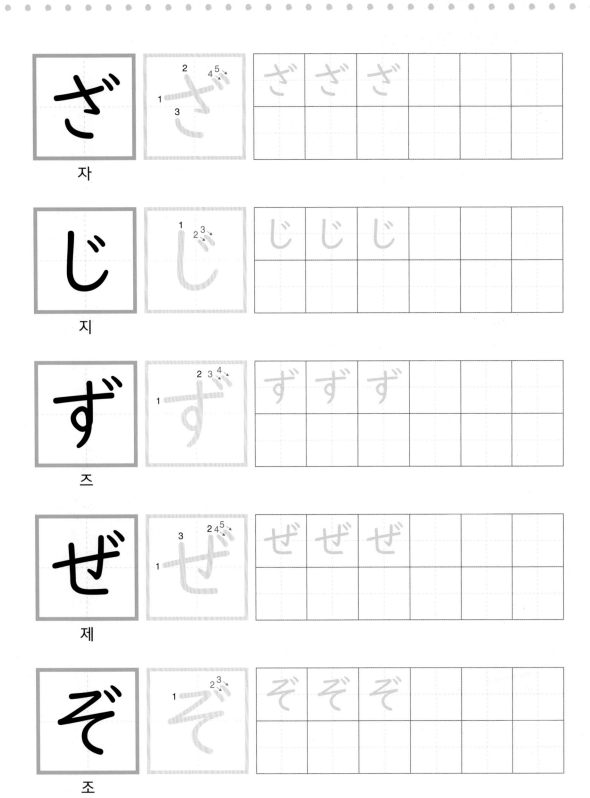

ざ
자

じ
지

ず
즈

ぜ
제

ぞ
조

☆ 다음 단어를 읽고 쓰세요.

바구니

지도

바람

가족

다

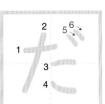

だ	だ	だ			

지

ぢ	ぢ	ぢ			

づ
즈

づ	づ	づ			

데

で	で	で			

도

ど	ど	ど			

☆ 다음 단어를 읽고 쓰세요.

눈사람

ゆ	き	だ	る	ま

창문

ま	ど

필통

ふ	で	ば	こ

어린이

こ	ど	も

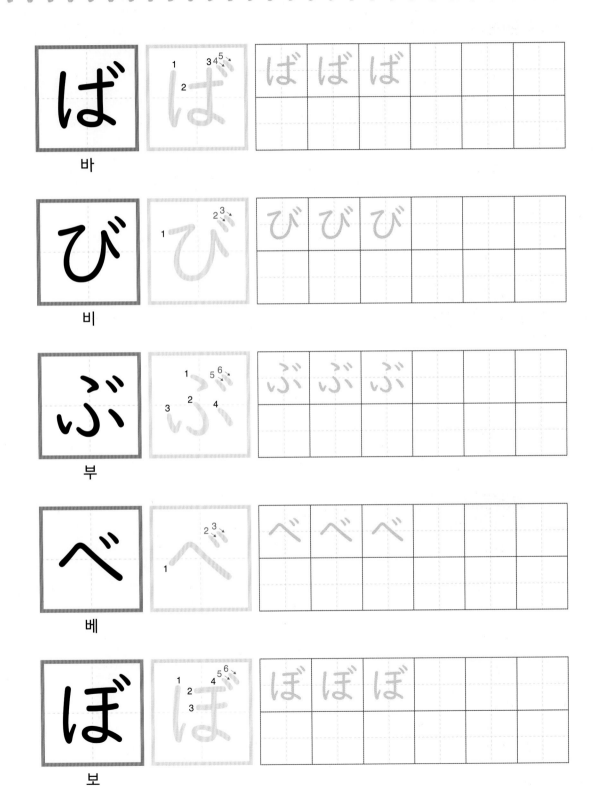

ば
바

び
비

ぶ
부

べ
베

ぼ
보

☆ 다음 단어를 읽고 쓰세요.

돼지

ぶ	た

먹다

た	べ	る

가방

か	ば	ん

모자

ぼ	う	し

		ぱ	ぱ	ぱ		
ぱ	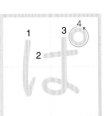					
빠						

		ぴ	ぴ	ぴ		
ぴ						
삐						

		ぷ	ぷ	ぷ		
ぷ						
뿌						

		ぺ	ぺ	ぺ		
ぺ						
뻬						

		ぽ	ぽ	ぽ		
ぽ						
뽀						

38

☆ 다음 단어를 읽고 쓰세요.

かんぱい
건배

か	ん	ぱ	い

えんぴつ
연필

え	ん	ぴ	つ

しんぷ
신부

し	ん	ぷ

ぺこぺこ
꼬르륵

ぺ	こ	ぺ	こ

たんぽぽ
민들레

た	ん	ぽ	ぽ

요음은 뭐예요?

きしちにひ… 등의 い단음에 や, ゆ, よ를 작게 써서
붙인 글자로 우리말의 이중모음(야, 유, 요)의 역할을
합니다.
이 때 발음은 한 글자로 쳐서 한 박자로 발음합니다.

きや → 두 박자　　きゃ → 한 박자
키 야　　　　　　 캬

히라가나 [요음]

きゃ 캬	きゅ 큐	きょ 쿄
しゃ 샤	しゅ 슈	しょ 쇼
ちゃ 챠	ちゅ 츄	ちょ 쵸
にゃ 냐	にゅ 뉴	にょ 뇨
ひゃ 햐	ひゅ 휴	ひょ 효
みゃ 먀	みゅ 뮤	みょ 묘
りゃ 랴	りゅ 류	りょ 료

ぎゃ 갸	ぎゅ 규	ぎょ 교
じゃ 쟈	じゅ 쥬	じょ 죠
ぢゃ 쟈	ぢゅ 쥬	ぢょ 죠
びゃ 뱌	びゅ 뷰	びょ 뵤

ぴゃ 뺘	ぴゅ 쀼	ぴょ 뾰

* ぢゃ, ぢゅ, ぢょ는 じゃ, じゅ, じょ와 발음이 같은데 주로 じゃ, じゅ, じょ를 씁니다.

 요음

きゃ	きゃ	きゃ		

캬

きゅ	きゅ	きゅ		

큐

きょ	きょ	きょ		

쿄

☆ 다음 단어를 읽고 써 보세요.

 きゅう

9

 やきゅう

야구

 きょうしつ

교실

ゆうびんきょく

우체국

しゃ	しゃ	しゃ	しゃ		

샤

しゅ	しゅ	しゅ	しゅ		

슈

しょ	しょ	しょ	しょ		

쇼

☆ 다음 단어를 읽고 써 보세요.

いしゃ

의사

しゃしん

사진

しゅふ

주부

としょかん

도서관

ちゃ
챠

ちゃ	ちゃ	ちゃ		

ちゅ
츄

ちゅ	ちゅ	ちゅ		

ちょ
쵸

ちょ	ちょ	ちょ		

⭐ 다음 단어를 읽고 써 보세요.

ちゅうごく　중국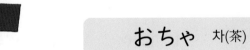

おちゃ　차(茶)

おもちゃ　장난감

ちょきん　저금, 저축

44

にゃ	にゃ	にゃ		

냐

にゅ	にゅ	にゅ		

뉴

にょ	にょ	にょ		

뇨

☆ 다음 단어를 읽고 써 보세요.

にゃおにゃお　야옹야옹

こんにゃく　곤약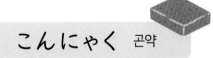

にゅういん　입원

にゅうしゃ　입사

ひゃ				
ひゃ	ひゃ	ひゃ		

하

ひゅ	ひゅ	ひゅ		

휴

ひょ	ひょ	ひょ		

효

⭐ 다음 단어를 읽고 써 보세요.

ひゃく 100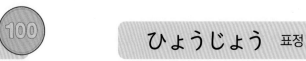

ひょうじょう　표정

ひょうしき　표지

ひょうさん　빙산

みゃ	みゃ	みゃ		

마

みゅ	みゅ	みゅ		

뮤

みょ	みょ	みょ		

묘

☆ 다음 단어를 읽고 써 보세요.

みょうじ　성씨

みゃく　맥

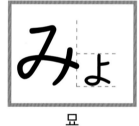

さんみゃく　산맥　

きみょうだ　이상하다

요음

りゃ りゅ りょ

りや	りゃ	りゃ	りゃ		

랴

りゅ	りゅ	りゅ	りゅ		

류

りょ	りょ	りょ	りょ		

료

⭐ 다음 단어를 읽고 써 보세요.

りょうしん　부모님

りゅうこう　유행

りゅうがく　유학

りょうり　요리

48

ぎゃ	ぎゃ	ぎゃ		

가

ぎゅ	ぎゅ	ぎゅ		

규

ぎょ	ぎょ	ぎょ		

교

☆ 다음 단어를 읽고 써 보세요.

ぎゅうにゅう　우유　　　　　　ぎゃく　거꾸로

ぎょうじ　행사　　　　　　　　　　ぎゅうにく　쇠고기

じゃ	じゃ	じゃ		

じゃ
쟈

じゅ	じゅ	じゅ		

じゅ
쥬

じょ	じょ	じょ		

じょ
죠

⭐ 다음 단어를 읽고 써 보세요.

じゅうしょ 주소

じゅんじょ 순서

じゃんけん 가위바위보

じょうほう 정보

びゃ				
びゃ	びゃ	びゃ		

바

びゅ				
びゅ	びゅ	びゅ		

뷰

びょ				
びょ	びょ	びょ		

뵤

☆ 다음 단어를 읽고 써 보세요.

さんびゃく 300

びょうき 병(질병)

びょういん 병원

びょうしゃ 묘사

빠

ぴゃ	ぴゃ	ぴゃ		

뿌

ぴゅ	ぴゅ	ぴゅ		

뽀

ぴょ	ぴょ	ぴょ		

⭐ 다음 단어를 읽고 써 보세요.

はっぴょう 발표

はっぴゃく 800

52

히라가나 [촉음]

촉음은 뭐예요?

つ를 작게 쓴 것으로, 우리말의 'ㅅ'과 같은 받침
역할을 합니다.

さっか [삿까] 작가 → 세 박자

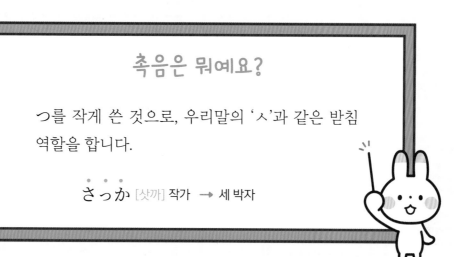

잡지

ざっし ☐ ☐ ☐

잎

はっぱ ☐ ☐ ☐

여덟 개

やっつ ☐ ☐ ☐

남편

おっと ☐ ☐ ☐

가타카나 [청음]

ア행	ア 아	イ 이	ウ 우	エ 에	オ 오
カ행	カ 카	キ 키	ク 쿠	ケ 케	コ 코
サ행	サ 사	シ 시	ス 스	セ 세	ソ 소
タ행	タ 타	チ 치	ツ 츠	テ 테	ト 토
ナ행	ナ 나	ニ 니	ヌ 누	ネ 네	ノ 노
ハ행	ハ 하	ヒ 히	フ 후	ヘ 헤	ホ 호
マ행	マ 마	ミ 미	ム 무	メ 메	モ 모
ヤ행	ヤ 야		ユ 유		ヨ 요
ラ행	ラ 라	リ 리	ル 루	レ 레	ロ 로
ワ행	ワ 와				ヲ 오
	ン 응				

가타카나 [탁음·반탁음]

ガ 가	ギ 기	グ 구	ゲ 게	ゴ 고
ザ 자	ジ 지	ズ 즈	ゼ 제	ゾ 조
ダ 다	ヂ 지	ヅ 즈	デ 데	ド 도
バ 바	ビ 비	ブ 부	ベ 베	ボ 보
パ 빠	ピ 삐	プ 뿌	ペ 뻬	ポ 뽀

가타카나 [요음]

キャ 캬	キュ 큐	キョ 쿄		ギャ 갸	ギュ 규	ギョ 교
シャ 샤	シュ 슈	ショ 쇼		ジャ 쟈	ジュ 쥬	ジョ 죠
チャ 챠	チュ 츄	チョ 쵸		ヂャ 쟈	ヂュ 쥬	ヂョ 죠
ニャ 냐	ニュ 뉴	ニョ 뇨				
ヒャ 햐	ヒュ 휴	ヒョ 효		ビャ 뱌	ビュ 뷰	ビョ 뵤
ミャ 먀	ミュ 뮤	ミョ 묘		ピャ 뺘	ピュ 쀼	ピョ 뾰
リャ 랴	リュ 류	リョ 료				

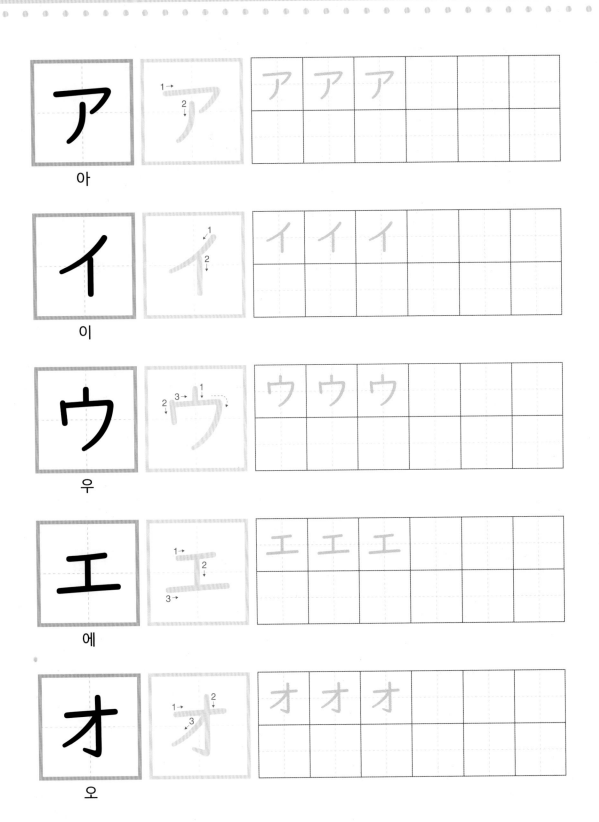

ア
아

イ
이

ウ
우

エ
에

オ
오

カ
カ

1→ 2↓

カ	カ	カ			

キ
キ

3
1→
2→

キ	キ	キ			

ク
쿠

1↓ 2→

ク	ク	ク			

ケ
케

1↓ 2→ 3↓

ケ	ケ	ケ			

コ
코

1→
2→

コ	コ	コ			

サ	サ	サ			

사

シ	シ	シ			

시

ス	ス	ス			

스

セ	セ	セ			

세

ソ	ソ	ソ			

소

タ	タ	タ			

타

チ	チ	チ			

치

ツ	ツ	ツ			

츠

テ	テ	テ			

테

ト	ト	ト			

토

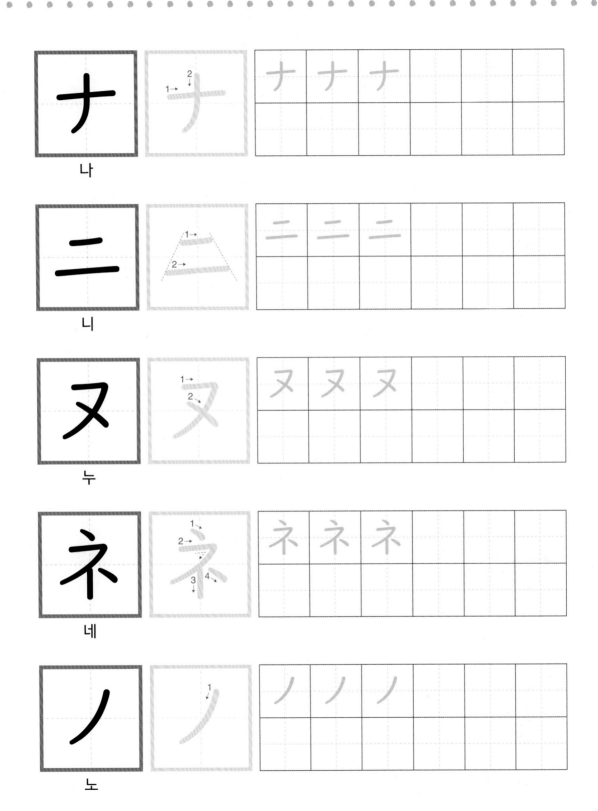

ナ
나

ニ
니

ヌ
누

ネ
네

ノ
노

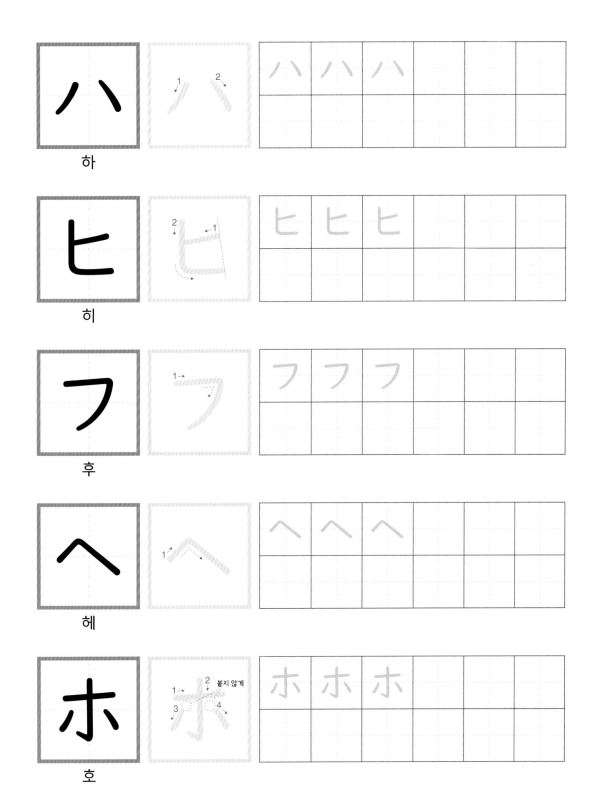

ハ
하

ヒ
히

フ
후

ヘ
헤

ホ
호

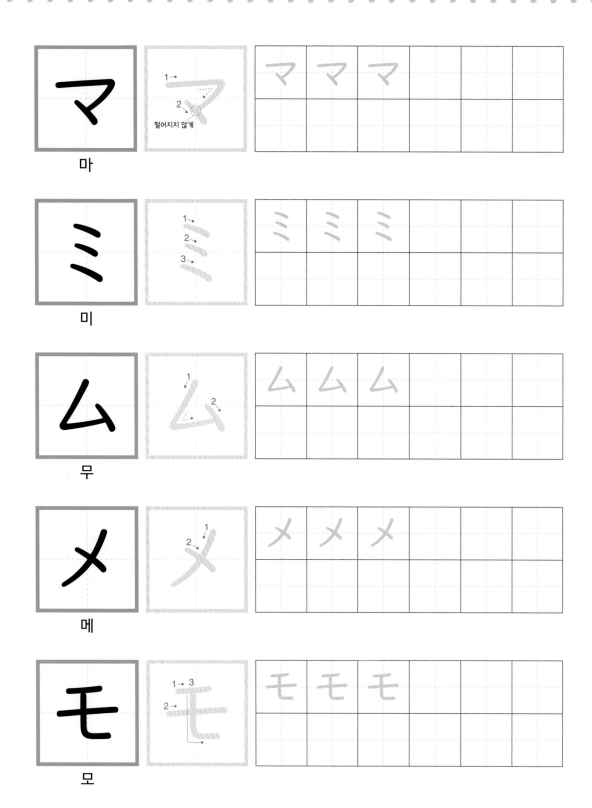

마

미

무

메

모

62

ヤ
야

ユ
유

ヨ
요

ラリルレロ

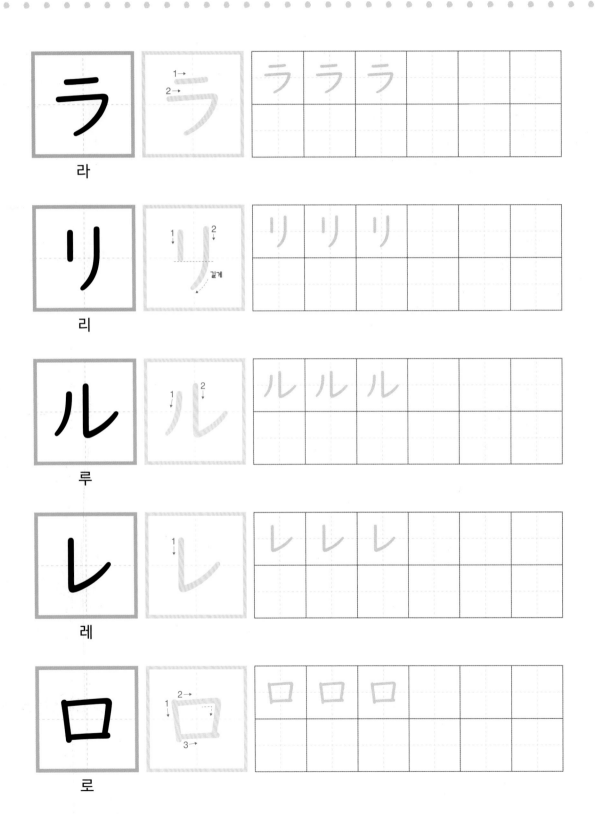

라

리

루

레

로

ワ	ワ	ワ			

와

ヲ	ヲ	ヲ			

오

현대어에서는
쓰지 않는다.

ン	ン	ン			

응

가타카나 단어연습

1 빈칸에 공통으로 들어갈 글자를 써 넣으세요.

프랑스
フ□ンス

미이라
ミイ□

ラ

문자, 메일
□ール

멜론
□ロン

メ

우유
ミル□

요구르트
ヤ□ルト

ク

레몬
レモ□

라면
ラーメ□

ン

*가타카나의 장음은 ㅡ로 표기해요.

2 그림에 맞는 글자를 고르세요.

시소
- ⃝ シーソー
- ⃝ ツーソー

서커스
- ⃝ サーカヌ
- ⃝ サーカス

콜라
- ⃝ コーラ
- ⃝ ユーラ

하트
- ⃝ ソート
- ⃝ ハート

TV
- ⃝ テレビ
- ⃝ ラレビ

마이크
- ⃝ マイク
- ⃝ アイク

요요
- ⃝ ヨーヨー
- ⃝ ユーユー

호텔
- ⃝ オテル
- ⃝ ホテル

3 다음 글자를 읽어 보세요.

| ユ | ヨ | コ | | ス | ヌ | ム | | テ | ラ | フ |

| ミ | シ | ツ | | ン | ソ | | | ホ | オ |

가타카나 단어연습

4 빈칸에 공통으로 들어갈 글자를 써 넣으세요.

아이스크림

☐ イスクリーム

오리

☐ ヒル

ア

케이크

ケー ☐

키(열쇠)

☐ ー

キ

커피

☐ ーヒー

콜라

☐ ーラ

コ

소스

ソー ☐

스키

☐ キー

ス

5 빈칸에 공통으로 들어갈 글자를 써 넣으세요.

담배
☐ バコ

택시
☐ クシー

タ

테이블
☐ ー ブ ル

TV
☐ レ ビ

テ

넥타이
☐ ク タ イ

네트
☐ ッ ト

ネ

힐
ヒ ー ☐

빌딩
ビ ☐

ル

가타카나 단어연습

6 다음 히라가나를 가타카나로 바꾸세요.

ぴざ
피자

→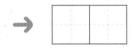

でぱーと
백화점

→

ぷれぜんと
선물

→

じゅーす
주스

→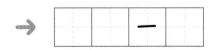

もでる
모델

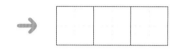

おるがん
오르간

さらだ
샐러드

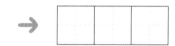

はんばーがー
햄버거

→ | | | | ー | ー |

글자쓰기 종합연습

1 다음 표를 완성해 보세요.

ひらがな

あ				
	き			
		す		
			て	
				の
は				
	み			
		ゆ		
			れ	
				を
ん				

2 다음 표를 완성해 보세요.

カタカナ

ア				
	キ			
		ス		
			テ	
				ノ
ハ				
	ミ			
		ユ		
			レ	
				ヲ
ン				

오 하 요 - 고 자 이 마 스
おはようございます。
안녕하세요. (아침인사)

おはようございます。

おはようございます。

곤 니 찌 와
こんにちは。
안녕하세요. (낮인사)

こんにちは。

こんにちは。

곰 방 와
こんばんは。
안녕하세요. (저녁인사)

こんばんは。

こんばんは。

사 요 - 나 라
さようなら。

안녕히 계세요. (헤어질 때)

さようなら。

さようなら。

오 야 스 미 나 사 이
おやすみなさい。

안녕히 주무세요. (잠들기 전에)

おやすみなさい。

おやすみなさい。

아 리 가 또 - 고 자 이 마 스
ありがとうございます。

고맙습니다.

ありがとうございます。

ありがとうございます。

초판	2025년 6월 15일
저자	제이플러스 기획편집부
발행인	이기선
발행처	제이플러스
주소	경기도 고양시 덕양구 향동로 217
전화	영업부 02-332-8320 편집부 02-3142-2520
팩스	02-332-8321
홈페이지	www.jplus114.com
등록번호	제10-1680호
등록일자	1998년 12월 9일
ISBN	979-11-5601-284-9